BEI GRIN MACHT SICH IHR
WISSEN BEZAHLT

AF167069

- Wir veröffentlichen Ihre Hausarbeit,
  Bachelor- und Masterarbeit

- Ihr eigenes eBook und Buch -
  weltweit in allen wichtigen Shops

- Verdienen Sie an jedem Verkauf

Jetzt bei www.GRIN.com hochladen
und kostenlos publizieren

Das Verhältnis von Sprache und Bild. Die Artificial Intelligence Anwendung "DALL-E mini"

Noelle Amber-Joe Jensen

Bibliografische Information der Deutschen Nationalbibliothek:

Die Deutsche Nationalbibliothek verzeichnet diese Publikation in der Deutschen Nationalbibliografie; detaillierte bibliografische Daten sind im Internet über http://dnb.d-nb.de abrufbar.

ISBN: 9783346873637
Dieses Buch ist auch als E-Book erhältlich.

Druck und Bindung: Books on Demand GmbH, Norderstedt Germany
Gedruckt auf säurefreiem Papier aus verantwortungsvollen Quellen

Das vorliegende Werk wurde sorgfältig erarbeitet. Dennoch übernehmen Autoren und Verlag für die Richtigkeit von Angaben, Hinweisen, Links und Ratschlägen sowie eventuelle Druckfehler keine Haftung.

Das Buch bei GRIN: https://www.grin.com/document/1356352

Das Verhältnis von Sprache und Bild – Theoretische Erläuterungen am Beispiel der Artificial Intelligence Anwendung „*DALL-E mini*"

Erziehungs- und Bildungswissenschaften, Profil Bildungstheorie und Empirische Bildungsforschung

Inhalt

1. Einleitung   1

2. Das Verhältnis von Sprache und Bild - Ein Paradigmenwechsel   2

2.1. Überschreitung von Sprache: Iconic Turn   2

2.2. Bilder im Kontext der Gesellschaft: Pictorial Turn   3

3. Möglichkeitsräume von Artificial Intelligence am Beispiel von *DALL-E mini*   5

4. Exempel eines AI-generierten Bildes: „Greta Thunberg holding speech drawing style"   7

5. Fazit: Ausdifferenzierung des Verhältnisses von Sprache und Bild durch Artificial Intelligence   10

Literaturverzeichnis   12

6. Abbildungsverzeichnis   13

1. Einleitung

„Manche Bilder sind mehr als leblose Dinge [...]. Sie sind ein Paradoxon: Sie sind lebende Dinge", schrieb Gerhard Paul (Paul 2016, S. 727). Was er mit dieser Aussage auszudrücken versuchte und in welchem Verhältnis Bild und Sprache zueinander stehen, dem soll sich in der vorliegenden Ausarbeitung genähert werden. Zu diesem Zweck wird sich eines neuen, technischen Phänomens, der Artificial Intelligence (AI) *DALL-E mini*, als Beispiel bedient. Bilder, die von der AI erstellt werden, sind in besonderer Weise „lebende Dinge" (ebd.), weil sie ohne die künstlerische Gestaltung des Menschen entstehen. AI-generierte Bilder stellen die Frage nach einer Verhältnisbestimmung zwischen Rezipienten, des technischen Programms und des Bildes in besonderer Weise. In den Bildwissenschaften wurde dieses Eigenleben bisher nicht spezifiziert.

In der Auseinandersetzung mit dem Iconic und Pictorial Turn wird herausgearbeitet, welche theoretischen Annahmen von Boehm und Mitchell mithilfe der AI bestätigt oder hinterfragt werden können. Für dieses Vorhaben wurde eine Gliederung in insgesamt sieben Teilbereiche gewählt. Das erste inhaltliche Kapitel (2.) führt in die wissenschaftstheoretischen Erläuterungen des Iconic und Pictorial Turns (2.1. & 2.2.) ein. Die Kürze der vorliegenden Arbeit erlaubt keine allumfassende Darlegung der Überlegungen von Boehm und Mitchell. Es wird jedoch in der Kürze umrissen, welche Hauptargumente angebracht werden und zu welchem Schluss die beiden Theoretiker gelangen. Anschließend verschafft das Kapitel drei einen Überblick über die Definition von Artificial Intelligence und über die technischen sowie interaktiven Möglichkeiten, die sich durch *DALL-E mini* eröffnen. Es wird darauf hingewiesen, dass die Quellen dieses Kapitels aufgrund der Aktualität des Themas nicht wissenschaftlichen Charakters sind. Wie ein AI-generiertes Bild in der Interaktion entsteht und aussieht, wird in Kapitel vier dargestellt. An dieser Stelle wird auch eine kurze Bildbeschreibung vorgenommen, um der Eigenart eines AI-Bildes näher zu kommen.

Das Fazit schließt mit drei Kernerkenntnissen: Trotz des neuartigen, direkten Sprachdeterminismus der AI bleibt der ikonische, nicht-prädikative Charakter der Bilder erhalten. Außerdem können die Eigenschaften von DALL-E mini nur mithilfe

1

beider konkurrierenden Perspektiven des Iconic und Pictorial Turn erfasst werden, sodass der Widerstreit in diesem Fall aufgehoben werden kann. Abschließend wird als drittes das Potential der Erforschung von AI-Anwendungen aus dem Bereich der Bilderstellung herausgestellt.

2. Das Verhältnis von Sprache und Bild - Ein Paradigmenwechsel

Ganz entscheidend für die heutige Präsenz von Bildern als Forschungsgegenstände sind zwei Vordenker, die unabhängig voneinander Wendepunkte in den verschiedenen Geistes- und Kulturwissenschaften identifizierten. Gleich ist ihren Theorien, dass sie den Wandel im Verhältnis von Sprache zu Bild thematisieren.

In der Auseinandersetzung mit dem Iconic und Pictorial Turn, wie sie folgend dargestellt werden soll, darf nicht vergessen werden, dass eine „zugespitzte, bisweilen polemische Gegenüberstellung beider Ansätze suggeriert, dass jede der beiden Perspektiven Einsichten verspricht, die der anderen Sichtweise fehlen." (Grave 2022, S. 123) Dies kann jedoch revidiert werden. Wir werden sehen, dass es spezifische Merkmale beider Richtungen gibt aber eine Verknüpfung, trotz der unterschiedlichen Perspektiven, möglich ist.

2.1.   Überschreitung von Sprache: Iconic Turn

Wie Johannes Grave pointiert zusammenfasst, handelt es sich bei den beiden benannten Wendungen *Iconic* und *Pictorial Turn* um zeitlich eng beieinander liegende neuere theoretische Ausrichtungen, die jeweils aus verschiedenen Denkrichtungen entstanden. Während der *Pictorial Turn* (1994) von W.J.T. Mitchell der anglo-amerikanischen Tradition der *Visual Culture Studies* folgte (Grave 2022, S. 121), hat die Theorie des *Iconic Turn* (1992) ihren Ursprung in einer sich wandelnden deutschen sowie frankophonen Bildwissenschaft und wurde von Gottfried Boehm formuliert (ebd.). Boehm beschäftigte nichts weniger als „eine[,AJ] neue[,AJ] Verhältnisbestimmung, die das Bild nicht länger der Sprache unterwirft" (Boehm 2014, S. 68). Ausgangpunkt seiner Theorie sei der Fokus auf das Bild, welches sich in der Entwicklung von Sinn grundlegend von Sprache unterscheide (Grave 2022, S. 122).

Der Iconic Turn folgt nach Boehm zwangsläufig auf die Argumentationen eines Linguistic Turn, den erstmals der Philosoph Richard Rorty einführte (Boehm 2014, S. 73). Im 20. Jahrhundert setzte sich in der Philosophie die Ansicht durch, dass alle Erkenntnisse sprachabhängig seien und insofern keiner grundlegenden Objektivität unterworfen sein könnten. Dass sprachlicher Ausdruck jedoch auch an seine Grenzen gelangt, wird spätestens bei der Betrachtung von umfangreichen Tabellen deutlich, die ohne anschaulich gestaltete Diagramme eine Interpretation kaum möglich machen. Boehm nennt dies „Überschreitung" (Boehm 2014, S. 73) der Sprache. Mit Bildern lässt sich etwas anderes und im Falle von Diagrammen sowie allgemein wissenschaftlichen Bildern mehr zeigen, als dies mit Sprache möglich ist. Sprache funktioniert selbstverständlich auch losgelöst von Bildern, doch insbesondere in der Darstellung wissenschaftlicher Befunde, können Bilder besser veranschaulichen, was sprachlich schwer zu fassen bleibt. Andererseits bedeutet dies keine Abwertung sprachlichen Ausdrucks. Die Eigenschaften beider Darstellungssysteme werden durch diese Gegenüberstellung dennoch deutlich: In Bildern gehen nicht ausschließlich sprachliche Konzepte auf – Bilder vermögen sich erst in der Betrachtung vollständig zu erschließen. Insofern beschreibt der Iconic Turn eine Anerkennung des Eigensinns von Bildern in den verschiedenen wissenschaftlichen Disziplinen.

2.2. Bilder im Kontext der Gesellschaft: Pictorial Turn

Nicht nur Boehm sieht angesichts einer globalisierten, digitalisierten Welt die Notwendigkeit, eine Bestimmung des Wandels im Umgang mit Bildern vorzunehmen. Auch Mitchell begründet seine Annahme des Pictorial Turns aus der „realen technischen Möglichkeit in globalem Ausmaß" (Mitchell 2014, S. 44) einer von Bildern beherrschten Kultur. Doch seine zur Diskussion gestellte Theorie eines Wandels bezieht sich, mehr noch als der Iconic Turn, auf die Praktiken des Sehens oder Betrachtens. Mitchell selbst beschreibt den Pictorial Turn als „die Erkenntnis, daß die Formen des Betrachtens [..., AJ] ein ebenso tiefgreifendes Problem wie die verschiedenen Formen des Lesens [..., AJ] darstellen." (Mitchell 2014, S. 45) Das Paradoxon des Bildes wird in Mitchells Lesart um „Strukturen, Praktiken und Diskurse[, AJ]" (Grave 2022, S. 122) erweitert, die Bilder im Kontext der Gesellschaft eingebettet interpretieren. Zwingend müssen im Zusammenhang mit Mitchell und dem Pictorial Turn die *Visual Culture Studies* nochmals erwähnt werden. Diese liefern die Basis, auf der Mitchell einen Turn argumentiert. Die *Visual Cultures* lassen sich als Möglichkeit charakterisieren, kulturelle Praxen methodologisch kritisch zu interpretieren (Rogoff 2014, S. 157). Die zu betrachtenden Objekte treten in dieser Perspektive neben der Kontextanalyse eher zurück und dienen vielmehr als Projektionsfläche zur Sichtbarwerdung von Kontexten sozialer, kultureller, technischer und medialer Herkunft. Insofern ist die Perspektive von Mitchell mehr noch als jene von Boehm als Aufforderung zu verstehen, Bildmedien als Forschungsobjekte für transdisziplinäre Fragen zu nutzen.

Iconic und Pictorial Turn als sich einander ergänzende Perspektiven zu verstehen, scheint möglich, wenn beide in ihren Aufforderungen ernst genommen werden. Zum einen würde somit das Bild als eigensinniges, nicht-prädikatives Medium anerkannt und zum anderen die Eingebundenheit von Bildern in den gesellschaftlichen Kontext mitberücksichtigt werden. Grave schlägt zu diesem Zweck vor, sich der theoretischen Grundlage von Latour zu bedienen, welcher die Gesellschaft und das Soziale nicht als „stabile Entität" dächte, „ sondern als multiple Netzwerke"(Grave 2022, S. 124–125), in denen auch Objekt-Verschränkungen berücksichtigt werden.

Um nun die Verbindung zwischen dem beschriebenen Paradigmenwechsel, dem State of the Art der wissenschaftlichen Debatten um das Sprache-/Bildverhältnis und der neuartigen Artificial Intelligence Anwendung *DALL-E mini* herzustellen, soll ein Blick auf Bilder geworfen werden, die von Sprache abhängig sind. Denn auch wenn Bilder nun als „lebendige Dinge" (Paul 2016, S. 727) verstanden werden können und von einem Großteil der betreffenden wissenschaftlichen Gemeinschaft anerkannt ist, dass Bilder nicht vollständig in Sprache aufgehen, so gibt es dennoch auch Widersprüchlichkeiten. Es stellt sich an diesem Punkt die Frage, ob Bilder, die nur auf der Grundlage von beschreibenden Stichwörtern entstehen, letztlich doch in Sprache aufgehen, weil sie zeigen, was Sprache vorgegeben hat.

3. Möglichkeitsräume von Artificial Intelligence am Beispiel von *DALL-E mini*

Die bereits erwähnte Möglichkeit, aus Stichwörtern Bilder entstehen zu lassen, hält die AI *DALL-E mini* bereit. Was bedeutet AI? Eine breit akzeptierte Definition zu finden, stellt sich als eine Illusion heraus. Dennoch muss erläutert werden, was unter Articial Intelligence verstanden wird, da es sich um einen grundlegenden Begriff in der vorliegenden Arbeit handelt.

Artificial Intelligence setzt sich aus zwei Konzepten zusammen: Zum einen aus dem Künstlichen (engl. Artificial) und zum anderen aus dem Intelligenten. Was das Intelligente in diesem Zusammenhang meint, versucht Wang (2019) in einer ausführlichen Herleitung darzulegen und in einer anschließenden eigenen Definition zu systematisieren. Seiner Auffassung nach handelt es sich bei der Intelligenz, die im Zusammenhang mit AI implizit gemeint wird, um „the capacity of an information-processing system to adapt to its environment while operating with insufficient knowledge and resources." (Wang 2019, S. 17) Intelligent sind dementsprechend Systeme, die eine, gemessen an den jeweiligen Möglichkeiten, große Kapazität haben, sich an ihre Umwelt anzupassen, während die Ressource *Wissen* limitiert ist.

Bereits in der Einleitung klang die Funktionsweise von AI-generierten Bildern an. An dieser Stelle soll genauer darauf eingegangen werden, welche Möglichkeiten die Funktionen von *DALL-E mini* eröffnen. Es wurde dargestellt, dass die AI auf eine Vielzahl an bereits existenten Bildern zurückgreift. Um dies technisch umzusetzen, müssten Wörter in einzelne Bildstrukturen übersetzt werden, erklärt Programmierer Boris Dayma, der *DALL-E mini* codiert hat (Biewald 2022). Die open Source Version des, von OpenAI kommerziell erstellten, Programms DALL-E lernt immer weiter dazu und kann von interessierten Programmierer*innen weiterentwickelt werden (Dayma und Cuenca 2022). Mittlerweile wurde die Software mit Millionen an Bildern angereichert (ebd.), mit deren Hilfe das Programm bestimmte Konzepte nachahmen kann, auch wenn diese nicht im gewöhnlichen Zusammenhang zueinanderstehen, wie „Eiffel tower is landing on the moon".

Dayma und Cuenca (2022) führen aus, dass drei Modelle miteinander kombiniert werden müssten, um die gewünschte Funktion zu erhalten: Zum einen ein Modell, welches Bilder ausliest und in einzelne Sequenzen zerteilt; dann ein Modell, welches aus Textbefehlen Bilder codiert und ein letztes Modell, welches die Qualität der Bilder bewertet, um diese besser nach der Angemessenheit sortieren zu können (frei übersetzt durch die Autorin). Dank dieser drei Modelle wird es möglich, mithilfe von englischen Textbefehlen zum gewünschten dargestellten Objekt, die in ein Eingabefeld getippt werden, unendlich viele Pixelkombinationen zu erzeugen. Diese Pixelkombinationen stellen wiederum erlernte Konzepte der AI dar, die beschreiben, was bspw. den erwähnten Eiffelturm ausmacht. Auf diese Weise wird ein einzigartiges Bild erstellt. Auch auf den Stil der gewünschten Darstellung kann die AI eingehen. Tippt man „Illustration" ein, wird die AI keine fotorealistischen Abbildungen nutzen, sondern sich dem Stil ihr bekannter Illustrationen anpassen. Dennoch weist *DALL-E mini* noch viel Potential zur Verbesserung auf, da sie, um nur ein Beispiel zu nennen, Gesichter nicht definierter Personen nur schlecht imitieren kann. Prominente sind durch die hohe Anzahl an verfügbarem Bildmaterial deutlich besser abbildbar, wie auch durch das gewählte Beispiel mit Greta Thunberg deutlich werden wird.

Das Bild als „ursprünglich ortsgebundene[s, AJ] fotografische[s, AJ] Unikat" (Paul 2016, S. 731) wurde „tendenziell ort- und heimatlos" (ebd.). Auf der Reise um den digitalisierten Globus, würden die Bilder ihrem Entstehungskontext immer mehr entzogen und verselbstständigten sich in letzter Konsequenz (vgl. ebd.). Diese Beschreibung bezieht sich 2016 noch nicht auf AI-Anwendungen – nichtsdestotrotz wird die Verselbstständigung in ihr real. Konzepte über die Dinge der Welt werden nicht vorgegeben, sondern automatisch durch Lernen reproduziert. Die Einflussnahme besteht zusehends aus der Zuführung neuer Daten in Form von hochgeladenen Bildern.

Aufgrund der technischen Komplexität der AI kann diese anwendungs-orientierte Erläuterung nur knapp umreißen, welche technischen Möglichkeiten eröffnet werden. Diese sollte jedoch ausreichen, um die Beziehung des Menschen zu dem Programm bei der Erstellung der Bilder nachvollziehbar darzustellen. Um praktisch erfahrbar zu machen, wie *DALL-E mini* Bilder erstellt, wurde ein Selbstversuch unternommen, welcher im nachfolgenden Kapitel beschrieben wird.

4. Exempel eines AI-generierten Bildes: „Greta Thunberg holding speech drawing style"

In Interaktion mit der Webseite (bspw. https://thecleverest.com/dalle-mini/), die die AI zur Verfügung stellt, fällt auf, dass sie besonders schlicht gehalten ist und nur ein einziges Feld zur Eingabe des Textes vorhanden ist. Daneben befindet sich ein Button mit dem Titel „Run". Wird nun ein Textbefehl eingegeben, benötigt das Programm einige Sekunden bis zu einer Minute, bevor die Ergebnisse unterhalb des Textfeldes präsentiert werden. Neun quadratische Bilder pro Texteingabe kreiert die AI, sodass die Nutzenden sich im Anschluss das Zutreffendste auswählen kann.

Der Textbefehl in diesem Selbstversuch bestand aus den Wörtern „Greta Thunberg holding speech drawing style". Es wurde erwartet, dass Greta Thunberg genügend Prominenz besitzt, sodass die AI auf ausreichend Bilder zurückgreifen kann, um das Konzept „Greta Thunberg" wiedergeben zu können. Außerdem steckt in der Textbeschreibung bereits die Annahme, dass Greta Thunberg vor allem Reden haltend in den Medien repräsentiert ist. Dass es sich um ein Bild im Zeichenstil handeln soll, wurde zufällig ausgewählt.

Im Ergebnis zeigten sich unterschiedliche Darstellungen: Einige besaßen skurrile Augen, andere wirkten wie die Bleistift Kopie eines Originalbildes. An dem gewählten Bild fiel insbesondere auf, dass es einen eigenen Stil repräsentiert und kein Abbild eines fotografischen Moments ist. Das Gesicht Greta Thunbergs ist auf der vertikalen Mittelachse des Bildes ausgerichtet. Abgebildet ist das Mädchen bis zum oberen Brustbereich. Greta Thunberg ist mit einer pink-blau karierten Bluse dargestellt und trägt einen Zopf, der ihr rechts im Bild über die Schulter fällt. Die Zeichenstruktur der Deckhaare auf dem Kopf und des Zopfes unterscheiden sich wesentlich durch die Dichte der farbigen Flächen. Während der Zopf in schattierten Blautönen definiert wurde, sind die Kopfhaare mit einzelnen Strichen als Strähnen gezeichnet. Greta Thunbergs Gesichtszüge erscheinen als wenige markante Linien, die ihren bekannten Ausdruck treffend veranschaulichen und unterstreichen. Die Augen sind auf die

Betrachtenden gerichtet, insbesondere Gretas rechtes Auge scheint die Rezipierenden durchdringend anzuschauen. Ihre Oberlippe bildet eine zusammengekniffene, aber dennoch leicht nach oben weisende Linie. Durch seichte Schattierungen im Gesicht sind die markanten Wangenknochen hervorgehoben. Zudem gibt der breite Kieferabstand mit den eckigen Kieferknochen die eindrückliche Erscheinung Greta Thunbergs wieder. Farblich setzt sich das Gesicht nur leicht heller vom ansonsten trüb grau-blauem Hintergrund ab. Zum unteren Bildrand hin verläuft sich das Grau in einen etwas dunkleren Ton.

Abbildung 1

Was kann diese Repräsentation des Konzepts Greta Thunberg aus der Perspektive von Boehm zeigen? Handelt es sich um ein ikonisches Werk, welches mehr zu sagen vermag, als Sprache es in diesem Falle tun könnte? Liest man die obige, knappe Beschreibung des AI-generierten Bildes, fehlen Details, die in einer Beschreibung nicht sprachlich aufgehen können. Welches Gefühl löst der direkte Blick des rechten Auges von Greta Thunberg aus? Sympathisiert der oder die Rezipierende mit dem Portrait? Oder löst es Abneigung aus? Diese Aspekte und viele mehr spielen in der individuellen Auseinandersetzung oder auch Beziehung zwischen Rezipierenden und Bildmaterial eine nicht-prädikative Rolle. In westlichen Gesellschaften und sicher auch darüber hinaus dürfte Greta Thunberg kognitive Abbilder auslösen. Die meisten Menschen haben eine Vorstellung, wie die mittlerweile junge Frau aussieht. Das AI-generierte Bild verdeutlich und überspitzt diese gedanklichen Repräsentationen. Beispielhaft zeigt sich dies an der pinken Bluse mit dem karierten Muster. Auf der berühmten UN-Konferenz im September 2019 trug Greta Thunberg eine pinke Bluse zu ihrer Rede, bei darauffolgenden Reden und in Talkshows sah man sie auch in karierten Blusen. Insofern komprimiert die AI mehrere Anlässe und vereint somit die fotografischen Darstellungen zu einem ikonischen Werk. Welche Eigenschaften das Konzept „Greta Thunberg" besitzt, zeigt sich durch eine solche digitale Anwendung in Ansätzen und legt offen, in welcher Weise sie mehrheitlich dargestellt wird.

Der Fokus des Pictorial Turns könnte durch eine weitere Auseinandersetzung mit künstlichen Intelligenzen und Bilderstellungen erweitert werden, da sich in den Bilderzeugnissen Repräsentationen von dem zeigen, was schon an Bildern vorhanden ist. So beispielsweise, wenn nach den gängigen Darstellungsmustern von Konzepten wie „Schule" oder „Lehrer" (absichtlich nicht gegendert) geforscht wird. Wenn normalerweise ein umfangreicher Vergleich mit Bildern desselben Themas angestellt wird, zeigt sich in den AI-generierten Bildern das dahinterliegende Konzept anhand einer sehr kleinen Anzahl von Darstellungen. Darin liegt möglicherweise der Reiz von AI-Anwendungen wie *DALL-E mini* für die Erziehungs- und Bildungswissenschaften und weitere geistes-, und kulturwissenschaftliche Disziplinen in Verbindung mit der Bildanalyse. Nach diesem ersten kurzen Ausblick zum Ende des Beispiels, soll nun ein

Fazit der Auseinandersetzung mit der Frage nach dem Verhältnis von Sprache und Bild in Zusammenhang mit der AI-Anwendung *DALL-E mini* unternommen werden.

5. Fazit: Ausdifferenzierung des Verhältnisses von Sprache und Bild durch Artificial Intelligence

Ganz in der Tradition der Diagramme, die Boehm (2014) als „kognitive Bilder" beschrieb, versetzen Worte durch *DALL-E mini* die AI in die Lage, Bilder zu erschaffen, die mehr sind als die blanken Textbeschreibungen. Man könnte einen Begriff heranziehen, den Grave prägte, um somit die AI *DALL-E mini* in den theoretischen Kontext der Bildanalyse zu setzen: Gemeint ist die *Zurichtung*. Ein sperriger Begriff, lässt er doch an brutale Worte wie „Hinrichtung" oder „Abrichtung" denken. Doch was Grave mit dieser Bezeichnung meinte, ergänzt die Argumentationskette passend. In seinem Verständnis sind Zurichtungen „Eingriffe, die etwa Akteure, Dinge, Rahmenbedingungen oder Praktiken anpassen, um spezifische Formen der Verkettung zu ermöglichen, zu privilegieren oder zu verhindern." (Grave 2022, S. 129) *DALL-E mini* könnte als ein solcher Eingriff aufgefasst werden. Die Praktik des Kreativen verändert sich durch die AI bereits heute, insbesondere im Bereich des Grafikdesigns und der Illustration. Gesellschaftlich prominente Konzepte werden in der Reproduktion bevorzugt, weil sie bereits häufig dargestellt sind. In der Folge können sich Darstellungsmuster zusätzlich verfestigen. Denkbar ist insofern auch eine Anpassung der Sehpraktik. Grave bietet mit der Zurichtung ein Konzept an, welches durch seine Offenheit für materielle Veränderungen wie Rahmungen und der gleichzeitigen Berücksichtigung von Bildrezeption und Konventionen beiden wissenschaftlich konkurrierenden Sichtweisen von Iconic und Pictorial Turn gerecht wird.

Ausgehend von der Frage, in welchem Verhältnis Sprache und Bild zueinanderstehen und wie sich dieses Verhältnis in der gewählten AI-Anwendung zeigt, kann abschließend folgendes resümiert werden:

1. Die AI-generierten Bilder besitzen trotz der Sprach-Determination einen ikonischen Charakter, der über das mit Sprache Mitzuteilende hinausgeht.

Auch automatisch erstellte Bilder benötigen eine eingehende Betrachtung zur annähernden Erfassung.

2. Weder die eine wissenschaftliche Perspektive des Iconic Turns, noch die andere wissenschaftliche Perspektive des Pictorial Turns vermögen allein die Eigenschaften der AI *DALL-E mini* in den theoretischen Kontext zu setzen, ohne dabei umfassende Fragestellungen zu vernachlässigen. Beide Perspektiven gemeinsam ermöglichen einen differenzierteren Blick, ohne in Konkurrenz zu treten.

3. Der Reiz der Erforschung von AI-Anwendung zur Bilderstellung für die Erziehungs- und Bildungswissenschaften liegt, ebenso wie für die transdisziplinäre Forschung, in der möglichen Analyse von Konzepten aus allen gesellschaftlichen Bereichen, die sich über die AI-Darstellungen in komprimierter Form zeigen lassen.

Insofern weist die Auseinandersetzung mit dem Verhältnis von Sprache und Bild auch weiterhin Potential für neue und ergänzende Erkenntnisse auf. Es bleibt abzuwarten, ob in der nächsten Zeit erste empirische Näherungen mit AI-Anwendungen zum Forschungsgegenstand aus dem Bildwissenschafts-, und *Visual Culture Studies*-Umfeld gewagt werden.

Literaturverzeichnis

Biewald, Lukas (2022): Boris Dayma - The Story Behind DALL-E mini, the Viral Phenomenon. Youtube. Online verfügbar unter https://www.youtube.com/watch?v=vxc8FKqQxGM.

Boehm, Gottfried (2014): Jenseits der Sprache? Anmerkungen zur Logik der Bilder. In: Marius Rimmele, Klaus Sachs-Hombach und Bernd Stiegler (Hg.): Bildwissenschaft und Visual Culture. Bielefeld: transcript Verlag, S. 67–80.

Dayma, Boris; Cuenca, Pedro (2022): DALL-E mini - Generate Images from Any Text Prompt. DALL-E mini is an AI model that can generate images from any prompt you give! Online verfügbar unter https://wandb.ai/dalle-mini/dalle-mini/reports/DALL-E-mini-Generate-images-from-any-text-prompt--VmlldzoyMDE4NDAy.

Grave, Johannes (2022): Bild und Zeit. Eine Theorie des Bildbetrachtens. München: C.H. Beck oHG.

Mitchell, William John Thomas (2014): Der Pictorial Turn. In: Marius Rimmele, Klaus Sachs-Hombach und Bernd Stiegler (Hg.): Bildwissenschaft und Visual Culture. Bielefeld: transcript Verlag, S. 41–66.

Paul, Gerhard (2016): Das visuelle Zeitalter. Punkt und Pixel. Göttingen: Wallstein Verlag.

Rogoff, Irit (2014): Studying Visual Culture. In: Marius Rimmele, Klaus Sachs-Hombach und Bernd Stiegler (Hg.): Bildwissenschaft und Visual Culture. Bielefeld: transcript Verlag, S. 155–169.

Wang, Pei (2019): On Defining Artificial Intelligence. In: *Journal of Artificial General Intelligence* (10(2)), S. 1–37.

6. Abbildungsverzeichnis

Abbildung 1: Screenshot der Webseite https://huggingface.co/spaces/dalle-mini/dalle-mini , aufgerufen am 13.07.2022.